LOS MEJORES DEPORTES

DE LA ESCUELA SECUNDARIA

# LUCHA LIBRE

Un libro de Las Ramas de Crabtree

ESCRITO POR THOMAS KINGSLEY TROUPE
TRADUCCIÓN DE SANTIAGO OCHOA

CRABTREE
Publishing Company
www.crabtreebooks.com

# Apoyo escolar para cuidadores y maestros

Este libro de alto interés está diseñado para motivar a los estudiantes dedicados con temas atractivos, mientras desarrollan la fluidez, el vocabulario y el interés por la lectura. A continuación se presentan algunas preguntas y actividades para ayudar al lector a desarrollar sus habilidades de comprensión.

## Antes de leer:

- *¿De qué pienso que trata este libro?*
- *¿Qué sé sobre este tema?*
- *¿Qué quiero aprender sobre este tema?*
- *¿Por qué estoy leyendo este libro?*

## Durante la lectura:

- *Me pregunto por qué...*
- *Tengo curiosidad de saber...*
- *¿En qué se parece esto a algo que ya conozco?*
- *¿Qué he aprendido hasta ahora?*

## Después de leer:

- *¿Qué intentaba enseñarme el autor?*
- *¿Cuáles son algunos detalles?*
- *¿Cómo me ayudaron las fotografías y los pies de foto a entender más?*
- *Vuelve a leer el libro y busca las palabras del vocabulario.*
- *¿Qué preguntas tengo aún?*

## Actividades de extensión:

- *¿Cuál fue tu parte favorita del libro? Escribe un párrafo sobre ella.*
- *Haz un dibujo de lo que más te gustó del libro.*

# ÍNDICE

# ¡TÍRALO A LA LONA!

Luchas por liberarte del agarre de tu oponente. Tu cara está presionada contra la colchoneta mientras el tiempo se agota. Con un último acopio de fuerza, te liberas y reviertes la situación de un modo increíble. Con una llave de brazo, haces girar a tu oponente y lo inmovilizas sobre la colchoneta. ¡Victoria!

¡Ponte la camiseta y el casco! Estamos a punto de saber por qué la lucha libre se encuentra entre los... MEJORES DEPORTES DE LA ESCUELA SECUNDARIA.

**DATO CURIOSO**

**Hay tres estilos principales de lucha: la grecorromana, la de estilo libre y la lucha de estilo folclórico, que es la practicada por los equipos de lucha de las escuelas secundarias.**

# HISTORIA DE LA LUCHA

La lucha ha formado parte de la cultura mundial a lo largo de la historia. Las obras de arte de la antigua Babilonia y Egipto muestran a personas luchando, y se remontan al año 3 000 a.C. También era el deporte más popular de los antiguos griegos. La lucha se incluyó en los primeros Juegos Olímpicos y sigue formando parte de las Olimpiadas en los tiempos modernos.

Hay muchos tipos diferentes de lucha que se practican en todo el mundo. El primer torneo de lucha lo celebró la Asociación de Lucha **Intercolegial** del Este en 1905. Después de eso, el interés por la lucha creció en las universidades y en las escuelas secundarias.

**Se han descubierto dibujos rupestres que mostraban movimientos de lucha que todavía se utilizan hoy en día. Uno de los dibujos más antiguos tiene más de 15 000 años. Se descubrió en una cueva de Francia.**

# TEMPORADA DE LUCHA

En la mayoría de las escuelas secundarias, la temporada de lucha comienza a finales de octubre o principios de noviembre y continúa hasta febrero. El número de combates en los que compite cada luchador puede variar de un lugar a otro.

Algunos lugares utilizan un sistema de puntos para determinar cuándo termina la temporada regular para un luchador. Una vez alcanzado el límite de puntos, solo pueden competir en combates de postemporada.

**DATO CURIOSO**

**El equipo de lucha de Estados Unidos arrasó en los Juegos Olímpicos de 1904 en St. Louis. Hubo siete eventos de lucha libre y los estadounidenses se llevaron el oro, la plata y el bronce en todas las pruebas.**

# EQUIPOS DE LUCHA DE LA ESCUELA SECUNDARIA

La mayoría de las escuelas secundarias tiene un equipo de lucha universitario y otro universitario *junior*. Otras han creado incluso equipos de primer año, dependiendo del tamaño de la escuela y del interés por este deporte. En el equipo universitario suelen competir los alumnos de tercer y cuarto año.

El equipo universitario *junior* es donde terminan los atletas de segundo año y a veces de primer año. Los luchadores que desarrollan buenas habilidades y fuerza a veces pasan al nivel universitario.

Los equipos de lucha femeniles de las escuelas secundarias son cada vez más populares en Estados Unidos y Canadá. Mientras otros deportes mostraron descensos, la lucha femenil aumentó un 30% en 2018. ¡Casi la mitad de los estados de Estados Unidos **patrocinó** torneos de lucha femeniles en 2019!

# FUNDAMENTOS DEL DEPORTE

La lucha puede ser un deporte difícil de entender al principio. Un combate de lucha de escuela secundaria consta de tres periodos de dos minutos. El objetivo es anotar tantos puntos como sea posible durante los periodos.

Si un luchador consigue inmovilizar a su oponente en cualquier momento antes del final del tercer periodo, ¡es una victoria automática!

## DATO CURIOSO

**Algunos atletas del Salón de la Fama de la Liga Nacional de Fútbol Americano (NFL, por sus siglas en inglés) fueron en su día luchadores de escuela secundaria. Ray Lewis, defensor de los Baltimore Ravens, fue dos veces campeón estatal de secundaria en Florida. Steve Wisniewski, guardia ofensivo de los Raiders de Los Ángeles/Oakland, fue campeón estatal en California.**

# CATEGORÍAS DE PESO

Aunque la lucha es un deporte de equipo en la escuela secundaria, el luchador está solo en la lona. La forma en que se determina cómo emparejar a los luchadores con otro oponente es por su peso.

**CATEGORÍAS DE PESO EN LA LUCHA (EN LIBRAS)**

| CHICOS | CHICAS |
|---|---|
| 106 | 101 |
| 113 | 106 |
| 120 | 111 |
| 126 | 116 |
| 132 | 121 |
| 138 | 126 |
| 145 | 131 |
| 152 | 137 |
| 160 | 143 |
| 170 | 150 |
| 182 | 160 |
| 195 | 170 |
| 220 | 189 |
| 285 | 235 |

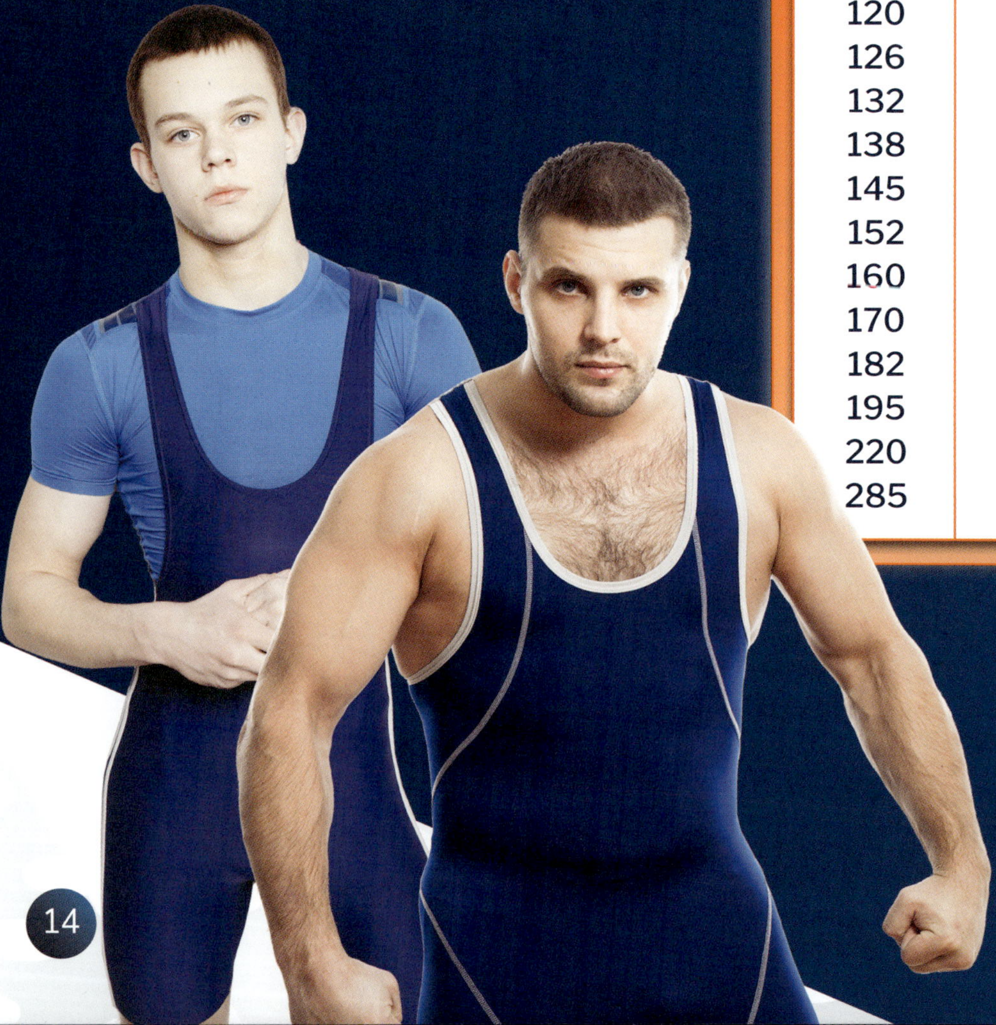

No se espera que ningún luchador **forcejee** en la lona con alguien que pesa más que él y viceversa. Para competir en las diferentes categorías de peso, los luchadores se alimentan bien y hacen ejercicio para asegurarse de que pueden llegar al peso requerido.

**En Estados Unidos, las categorías de peso de lucha en la escuela secundaria sufrieron un cambio significativo en 2012. La Federación Nacional de Asociaciones de Escuelas Secundarias Estatales (NFHS, por sus siglas en inglés) modificó las categorías después de analizar los datos de 200 000 luchadores de todo el país. El objetivo era ayudar a garantizar que alrededor del siete por ciento de todos los luchadores estuvieran representados en cada categoría de peso.**

# POSICIONES EN LA LUCHA

Las posiciones en la lucha funcionan de forma diferente a las de otros deportes. En la lucha, la posición es el lugar en el que se encuentra el luchador en relación con su oponente.

| | |
|---|---|
| **Posición superior (posición del árbitro):** | En esta posición, el luchador está por encima del oponente y tiene el control. |
| **Posición neutra:** | Es la posición inicial en la que el luchador se encuentra cara a cara con su oponente. Es más difícil conseguir puntos desde esta posición, pero ninguno de los luchadores está en ventaja o desventaja. |
| **Posición inferior (posición del árbitro):** | En esta posición, el luchador está apoyado en sus manos y rodillas, con el oponente envuelto encima de ellas. |

POSICIÓN INFERIOR

Si los luchadores terminan afuera del cuadrilátero, el árbitro los volverá a colocar en el centro. Se colocarán en la misma posición en la que estaban cuando se salieron del cuadrilátero.

# LOS MOVIMIENTOS BÁSICOS

Hay muchas técnicas disponibles para utilizar durante un combate de lucha. A continuación se presentan algunas de las más comunes.

**forcejear:** Agarrar a un oponente con las manos para controlar y ejecutar **maniobras** de lucha.

**bloque de brazo:** Envolver un brazo alrededor del codo de un oponente y usar la **palanca** para voltearlo.

***cross-face*:** Una sujeción en la que el brazo del luchador es presionado contra la cara de su oponente.

**derribo:** Llevar a un oponente a la lona desde la posición neutral.

**media nelson (o completa):** Una sujeción en la que el brazo del luchador bloquea la cabeza del oponente en posición a través de la axila y coloca una mano en la parte posterior de su cabeza.

**reversión:** Pasar de la posición inferior a la posición superior de control.

BLOQUE DE BRAZO

*CROSS-FACE*

FORCEJEO

NELSON

DERRIBO

Aunque no lo parezca, la lucha no es solo una batalla campal. Hay una serie de movimientos ilegales que pueden **descalificar** o incluso prohibir a los luchadores competir de nuevo. Es ilegal pellizcar o pinchar a un oponente con los dedos de las manos, los pies o las uñas. Esto también significa que no se puede «pescar» la boca o la nariz del oponente. Los golpes en los ojos son una forma rápida de acabar con la carrera de un luchador. ¡Practica el juego limpio!

# EQUIPAMIENTO Y UNIFORMES

La lucha en la escuela secundaria es un deporte de contacto, que puede provocar lesiones. Para proteger sus orejas, los luchadores llevan un casco que se sujeta a la barbilla con una correa. Los protectores bucales protegen los dientes.

El uniforme es la tradicional camiseta de una sola pieza, o una camiseta de **compresión** y pantalones cortos. Los luchadores también llevan zapatos de lucha que parecen zapatillas altas para ayudarles a maniobrar en el tapiz.

## DATO CURIOSO

Las tobilleras rojas y verdes se suelen llevar alrededor del tobillo del luchador. Estas se utilizan para designar quién es quién cuando un árbitro señala los puntos que se anotan durante un combate.

# PRÁCTICA Y ENTRENAMIENTO

La mayoría de los entrenamientos de lucha de la escuela secundaria se realizan después de clases, pero muchos luchadores entrenan todo el año. Muchos de ellos realizan entrenamientos con pesas en la temporada baja para desarrollar su musculatura. Durante la temporada de lucha, entrenan para mantener sus músculos fuertes y evitar las molestias durante los entrenamientos.

Durante los entrenamientos, los luchadores trabajan en sus habilidades, incluyendo el forcejeo, los golpes y las sujeciones. La **resistencia** es muy importante en la lucha. La mayoría de los entrenadores presionan a su equipo para que corra y aumente su resistencia, o su capacidad para seguir luchando mucho tiempo.

# JERGA DE LA LUCHA

Como en la mayoría de los deportes, la lucha utiliza su propio lenguaje de términos y frases que pueden confundir a los atletas nuevos en el deporte.

**Puerta trasera:** Deslizarse entre las piernas de un oponente cuando está en posición inferior.

**Puente:** Levantar la espalda para no quedar inmovilizado en la colchoneta.

**Gaseado:** Quedarse sin energía durante un combate.

**Peso hecho:** Cuando un luchador se pesa para un combate y es aprobado para luchar en esa categoría de peso.

**Encima/debajo:** Bloqueo en el que un luchador tiene un brazo envuelto y el otro brazo bajo el brazo del oponente.

***Whizzer*:** Una llave utilizada para controlar a un oponente, en la que el luchador pone un brazo sobre el del oponente y **rodea** el brazo o la parte superior del cuerpo de este.

PUERTA TRASERA

CASEADO

PUENTE

# TORNEOS ESTATALES

Los equipos de lucha de las escuelas secundarias se enfrentan a las escuelas cercanas para determinar quién es el mejor. Los equipos que tienen un buen rendimiento durante la temporada pueden participar en campeonatos y torneos estatales.

## DATO CURIOSO

El primer torneo de lucha en Estados Unidos se celebró en la ciudad de Nueva York en 1888.

Como en la mayoría de los deportes, los equipos de lucha se dividen en categorías determinadas por el número de estudiantes que tenga la escuela. Las categorías garantizan que las escuelas grandes compitan con las grandes y no tengan una ventaja injusta sobre las escuelas pequeñas.

# CONCLUSIÓN

La lucha es uno de los deportes más difíciles y exigentes en los que pueden competir los estudiantes de secundaria. Se necesita mucho trabajo, rapidez de pensamiento y resistencia para dominar la lona. Los aficionados nunca ven el mismo combate de lucha dos veces.

¿Golpearás la colchoneta y a tu oponente hasta **someterlo**? Tal vez tu equipo termine yendo a un gran torneo. Con reflejos rápidos y determinación, verás por qué la lucha es absolutamente uno de los ¡MEJORES DEPORTES DE LA ESCUELA SECUNDARIA!

# GLOSARIO

**compresión:** El acto de presionar o apretar algo.

**descalificar:** Prohibir que se compita por infringir una norma.

**forcejee:** Que pelee o luche cuerpo a cuerpo sin armas.

**Intercolegial:** Algo que se hace entre escuelas o universidades.

**maniobras:** Serie de movimientos que requieren habilidad.

**palanca:** Uso de la fuerza para mover un objeto.

**patrocinó:** Cuando una organización otorga financiación o dinero.

**resistencia:** Capacidad de mantener el esfuerzo físico o mental.

**rodea:** Que forma un círculo alrededor.

**someterlo:** Dominar y ganarle a un adversario.

# ÍNDICE ANALÍTICO



# SITIOS WEB PARA VISITAR

https://kids.kiddle.co/Wrestling

https://www.softschools.com/facts/sports/wrestling_facts/796/

https://kids.britannica.com/kids/article/wrestling/353938

# SOBRE EL AUTOR

## Thomas Kingsley Troupe

Thomas Kingsley Troupe es el autor de muchísimos libros para niños. Ha escrito sobre todo tipo de temas, desde fantasmas hasta de Pie Grande, y de hombres lobo de tercer grado. Escribió incluso un libro sobre la suciedad. Cuando no está escribiendo o leyendo, hace mucho ejercicio y se acuerda de cómo derribaba mariscales de campo contrarios cuando estaba en el equipo de fútbol de la escuela secundaria. Thomas vive en Woodbury, Minnesota, con sus dos hijos.

CRABTREE Publishing Company

Written by: Thomas Kingsley Troupe
Designed by: Jennifer Dydyk
Edited by: Kelli Hicks
Proofreader: Ellen Roger
Translation to Spanish: Santiago Ochoa
Spanish-language layout and proofread: Base Tres

Photographs: Following images from Shutterstock.com: Cover background pattern (and pattern throughout book © HNK, wrestling gear in background on cover and title page © Praneat, cover photos of wrestlers © JoeSAPhotos. Page 8 © baranq, Page 11 bottom photo © JoeSAPhotos, Page 12 bottom photo and Page 13 © Ahturner, Page 14 wrestler in background© Skeronov, wrestler in foreground © Everyonephoto Studio, Page 20 and 23 © Ahturner, Page 22 © Ben Gingell. Following image from istock by Getty Images: Page 6 © Zzvet. Following images from Dreamstime.com: Pages 4, 5, 9 © Michael Turner, Page 10 © Vitalij Sova, Page 11 top photo © Jon Osumi, Page 12 top photo © Ericfehrenbacher, Page 15 © Vitalij Sova, Page 17 and 19 all images © Michael Turner except cross-face image © Jon Osumi, Page 21 top photo © Michael Turner, bottom photo © Jon Osumi, Page 25 top photo © Michael Turner, bottom two photos © Susan Leggett, Page 26 Jon Osumi, Page 27 top photo © Susan Leggett, bottom photo © Michael Turner, Page 28 and Page 29 all photos © Michael Turner. Page 7 bottom public domain photo from Wikimedia, top photo courtesy of the Library of Congress.

Library and Archives Canada Cataloguing in Publication

CIP available at Library and Archives Canada

Library of Congress Cataloging-in-Publication Data

CIP available at Library of Congress

**Crabtree Publishing Company**

www.crabtreebooks.com 1-800-387-7650

Printed in the USA/062022/CG20220124

 In Canada: We acknowledge the financial support of the Government of Canada through the Canada Book Fund for our publishing activities.

**Published in the United States**
**Crabtree Publishing**
347 Fifth Avenue, Suite 1402-145
New York, NY, 10016

**Published in Canada**
**Crabtree Publishing**
616 Welland Ave.
St. Catharines, Ontario L2M 5V6